L b 56 / 1407

AF279067

QUELQUES RÉFLEXIONS

SUR NOTRE

SITUATION

INTÉRIEURE

PAR

M. PREVOST-PARADOL

PARIS

MICHEL LÉVY FRÈRES, LIBRAIRES ÉDITEURS

RUE VIVIENNE, 2 BIS, ET BOULEVARD DES ITALIENS, 15

A LA LIBRAIRIE NOUVELLE

—

1864

Tous droits réservés

NVM 2008

QUELQUES RÉFLEXIONS

SITUATION INTÉRIEURE

Le mouvement d'opinion qui a commencé, il y a environ une année, au milieu de nous, et qui, d'abord faible et timide, est devenu assez sensible et assez rapide pour frapper la vue la plus inattentive et pour occuper l'esprit le moins prévoyant, mérite aujourd'hui une attention sérieuse de la part de tous les bons citoyens; il importe à l'avenir de la France qu'on ne se fasse aucune illusion sur les causes de ce mouvement, sur le but vers lequel il nous entraîne, sur les moyens d'en détourner les dangers, bien plus, de le rendre fécond, s'il se peut, pour la prospérité et pour la stabilité du pays. Nous croyons utile et urgent d'examiner rapidement cette question avec une parfaite sincérité et avec une entière indépendance; mais, en même temps, avec le vif désir de ne rien dire qui soit offensant pour personne, et sans aucune autre préoccupation que celle de l'intérêt public.

Demandons-nous tout d'abord si ce mouvement d'opinion est factice et passager, ou s'il n'y a pas, au contraire, plus d'un signe qui nous oblige à reconnaître combien il est profond et durable. Si ce mouvement n'était que le résultat d'un caprice ou de cette courte agitation qui a toujours suivi les élections générales, aurait-on vu les électeurs de Paris confirmer leur premier jugement d'une façon si éclatante, en renvoyant M. Eugène Pelletan à la Chambre? Si ce mouvement ne suivait pas une marche ascendante et n'était pas en progrès sur lui-même, se serait-il produit, au profit de M. Pelletan et contre le candidat du pouvoir, un déplacement de voix dont l'importance et la rapidité ont surpris tout le monde? Aurait-on vu M. Buffet envoyé à la Chambre par un déplacement du même genre? Aurait-on vu la minorité de M. Hallez-Claparède se changer en majorité, malgré la protection déclarée qui a été, du haut du trône, étendue sur un concurrent? Ces diverses élections peuvent n'être considérées, si l'on veut, que comme ces pailles légères qui indiquent de quel côté le vent souffle; mais ce qui montre plus clairement encore qu'un changement s'est opéré dans les esprits et que tout le monde en a conscience, c'est cet assaut de professions de foi libérales et réformatrices qui se remarque au sein de la Chambre entre l'ancienne majorité et les députés de l'opposition. La différence des opinions se retrouve encore au scrutin (bien que le scrutin même témoigne d'un chiffre croissant de voix opposantes); mais cette différence est bien peu sensible dans le langage des uns et des autres, parce que le seul moyen d'arriver aujourd'hui à l'oreille du public et de lui plaire, est de tenir un langage libéral et que tout le monde le sent. Enfin, si nous écartons ces démonstrations irrécusables et publiques d'un changement dans l'état des esprits, et si nous voulons consulter seulement notre expérience personnelle, qui de nous n'a autour de lui de nombreux exemples de ce revirement d'opinion qui se fait sentir en même temps et à toutes les profondeurs sur les divers points de ce vaste territoire? Qui de nous n'entend prononcer les mots de réforme et de liberté plus fréquemment qu'à l'ordinaire, souvent même par des hommes qui en avaient perdu l'habitude ou proscrit l'usage, et qui laissent aujourd'hui ces mots s'échapper de leurs lèvres, parce qu'ils cèdent au courant qui les entoure et qu'un changement s'est fait dans l'air qu'ils respirent?

Les causes de ce mouvement sont diverses; mais aucune de ces causes, prise séparément, n'est capable d'en rendre compte et ne suffirait à l'expliquer, d'autant plus que le motif qui pourrait agir puissamment sur une certaine classe de citoyens, est sans action sur les autres. Il est telle cause, par exemple, qui expliquerait suffisamment un changement dans l'opinion des villes et qui, loin d'avoir une certaine influence sur les campagnes, n'y peut être comprise et n'y est pas même connue. Il est tel grief que la classe éclairée peut vivement ressentir, et qui n'existe même pas pour ceux qui sont immédiatement au-dessous d'elle. Il est donc impossible d'assigner à une seule cause ni même à quelques-unes seulement, le mouvement d'opinion dont nous sommes témoins. Il est né de l'ensemble même de notre situation et d'une foule de motifs appropriés à un grand nombre d'esprits.

Si nous nous attachons d'abord au changement qui s'est produit dans la partie éclairée de la population française, il nous sera permis de dire que la prédication assidue, quoique contenue, des doctrines libérales pendant douze années par ce qui restait de la presse indépendante, n'a pas été sans quelque action. Est-il besoin d'ajouter que la tribune exerce une influence plus efficace encore depuis qu'elle est relevée de fait par la présence à la Chambre de plusieurs hommes éminents, et particulièrement d'un illustre orateur qui passe à juste titre pour l'interprète le plus accrédité du bon sens national, parce qu'on voit briller, dans sa forte et limpide parole, les plus séduisantes aussi bien que les plus solides qualités de l'esprit français ? mais ce double enseignement n'aurait point suffi si les événements ne lui étaient venus en aide. Ces événements, très-divers par leur nature et par leurs résultats, tels que la guerre d'Italie, le traité de commerce, l'entreprise du Mexique, ont eu pourtant ce caractère commun et parfaitement conforme d'ailleurs à notre constitution, d'émaner directement de l'initiative du souverain. Or, il est de la nature des événements politiques, quels qu'ils soient, de faire plus de mécontents que d'heureux ; et, par une raison bien simple, c'est qu'en même temps qu'ils mécontentent gravement ceux dont ils blessent les passions ou les intérêts, ils ne satisfont jamais complétement ni longtemps ceux mêmes qui en profitent ou qui les approuvent. En outre, ceux qu'un acte de souverain pouvoir a réjouis ne peuvent manquer d'être affligés par un autre, et il est de la nature de l'homme de se souvenir moins longtemps et de tenir moins de compte de ce qui le réjouit que de ce qui l'afflige. On peut dire avec assurance, par exemple, que les partisans de la guerre d'Italie sont aujourd'hui moins reconnaissants de cette guerre que mécontents de l'occupation indéfinie de Rome ; que les partisans du saint-siége sont moins reconnaissants de l'occupation de Rome que mécontents de la tolérance qui a laissé saisir par le Piémont les provinces papales et des instances faites auprès du pape pour lui faire accepter ce nouvel état de choses. On peut dire encore que les personnes lésées par le traité de commerce s'en souviendront plus, et plus longtemps, que la foule de ceux auxquels le libre-échange aurait pu procurer dans leur vie de tous les jours d'imperceptibles avantages. On peut dire enfin que l'expédition du Mexique a mécontenté tous ceux qu'avaient pu réjouir soit le traité de commerce, soit l'une des deux politiques suivies jusqu'ici par le gouvernement dans la question italienne. Cette somme de mécontentements, toujours supérieure à la somme correspondante de satisfaction ou de gratitude que les événements peuvent produire, se retrouve partout où existe un gouvernement et où se prennent des résolutions politiques, parce que, encore une fois, cela est de la nature de l'homme. Mais, dans un gouvernement populaire, la nation ne peut s'en prendre qu'à elle-même des désagréments qu'elle croit endurer ou qu'elle endure. Dans un gouvernement constitutionnel, chaque ministère, responsable d'un de ces événements qu'il a provoqués ou auxquels il a présidé, emporte avec lui les ressentiments inévitables que cet événement soulève et dégage d'autant l'atmosphère, tandis que l'effet inévitable de la constitution qui nous gouverne est d'accumuler au pied même du trône, et en dépit de toute la sagesse qu'on peut supposer au souverain, les déceptions constantes et croissantes que les événements politiques engendrent toujours dans le cœur des hommes.

C'est dans cette cause profonde et agissant toujours, qu'il faut chercher la raison qui a rendu la classe éclairée de plus en plus accessible aux arguments et aux excitations des écrivains de l'école libérale. Tous ceux qui applaudissaient à l'usage hardi du pouvoir suprême, lorsqu'il secondait leurs intérêts ou leurs opinions, et qui blâmaient l'usage de ce même pouvoir lorsqu'il secondait des intérêts ou des opinions contraires aux leurs, ou même lorsqu'il n'allait pas au bout de leurs propres exigences, en sont venus avec le temps à écouter avec faveur les théories qui conseillent d'en limiter l'exercice et à souhaiter le retour des principales garanties dont il était jadis entouré. On commença dès lors à prêter l'oreille à ceux qui disaient depuis si longtemps qu'il n'y avait pas seulement dans les institutions libres une satisfaction pour l'esprit, mais une protection pour les intérêts. Et ces dispositions générales de la partie la plus instruite et la plus active de la population française trouvant une occasion légale de se manifester, les élections vinrent apprendre à la France que Paris, Lyon, Marseille, Nantes, le Havre et bien d'autres villes avaient choisi ou tenté de choisir pour députés ceux qui avaient inscrit, avant toute chose, l'extension des libertés publiques sur leur drapeau.

Ce mouvement d'opinion, manifesté par des preuves si frappantes, aurait déjà une importance considérable sur notre avenir, s'il n'entraînait que la partie la plus éclairée de la nation et s'il se renfermait dans l'enceinte des grandes villes. Mais les élections de M. Magnin, de M. Buffet, de M. Hallez-Claparède ne sont pas les seuls symptômes qui donnent le droit de penser que ce mouvement d'opinion commence à gagner les campagnes et à se faire sentir parmi les moins lettrés des électeurs. Les raisons de ce changement méritent d'être brièvement examinées et il n'est pas difficile de les découvrir. Il faut écarter tout d'abord des préoccupations des campagnes cet ordre d'idées, ou, si l'on veut, ce genre de griefs qui peut agir sur l'esprit des habitants des villes. Les différences d'opinion relatives aux rapports des pouvoirs publics et au jeu plus ou moins libre des institutions, la responsabilité unique et théorique du chef de l'État, excluant l'existence d'un cabinet responsable, la liberté de la presse, sont des questions naturellement étrangères ou indifférentes à cette classe nombreuse et prépondérante d'électeurs enfermés par leur éducation, aussi bien que par leur genre de vie, dans un cercle très-restreint de passions et d'idées. Si on les voit donc se mettre en mouvement avec une certaine lenteur, mais aussi avec la ténacité qui leur est habituelle, s'ils disent enfin adieu à cette immobilité relative qui les distingue des électeurs des villes et qui fait de leur vote une sorte de lest dans notre établissement politique, il faut en chercher la cause dans l'ordre de faits qui est capable de les toucher et dans l'ordre d'impressions qu'ils sont capables de recevoir.

La première cause qui peut agir sur les électeurs des campagnes et qui est destinée à exercer sur eux une influence croissante, c'est l'exemple des grandes villes et particulièrement l'exemple de la capitale qui, à la surprise de tous, s'est montrée unanime pour repousser les candidats de l'administration. La mode pénètre lentement dans les campagnes, mais elle y pénètre toujours, et la mode de l'opposition ne fait pas exception à cette règle, on peut déjà s'en apercevoir. La seconde cause qui contribue efficacement au réveil politique des campagnes, c'est le changement d'opinion ou plutôt le changement de conduite de la petite bourgeoisie répandue au milieu de nos villages et exerçant, par un contact de tous les jours et par une certaine communauté d'intérêts et d'habitudes, une influence bien supérieure à celle des grands propriétaires, toujours environnés d'une certaine défiance et bien moins confondus avec la population qui les entoure. C'est le notaire, c'est le médecin, c'est l'homme d'affaires, c'est le détenteur lettré, ou même à demi lettré, de la moyenne propriété, qui est l'intermédiaire naturel entre l'esprit des villes et l'esprit des campagnes, qui reçoit l'opinion des uns pour la transmettre aux autres, et qui la transmet accommodée à ce nouveau milieu où elle doit revêtir une force plus générale pour agir sur des esprits plus simples. Or, cette représentation dispersée de la bourgeoisie française au sein des campagnes, a suivi le mouvement des cités et se trouve, par les mêmes raisons que les habitants des villes, de plus en plus inclinée aux opinions libérales. Un troisième fait, qu'on a souvent mentionné parce qu'il frappe aujourd'hui tout le monde, c'est le désir croissant des communes rurales de reprendre en main leur administration municipale et d'échapper aux maires qui, souvent choisis en dehors du conseil municipal, sont exclusivement dans la commune les représentants de l'Administration. Il n'est pas rare qu'une commune attende les élections législatives comme une occasion précieuse de protester contre son maire en votant contre le candidat du gouvernement.

Enfin le mouvement d'opinion des campagnes, comme celui des villes, a pour cause suprême les douze années de repos intérieur et de soumission paisible que nous avons traversées. En France, plus que partout ailleurs, s'être reposé pendant douze ans est une grande raison pour se remettre en chemin. Cette raison suffirait, à défaut d'autres, pour expliquer la nouvelle tournure des esprits et la faveur de ces mêmes idées libérales qu'on avait si longtemps délaissées. Lorsque Socrate, près de mourir, fut délivré de ses fers, il dit d'une façon charmante à ses amis, que le plaisir et la peine se suivaient de près comme deux frères inséparables, que l'un ne pouvait exister sans l'autre et que leur usage invariable était de se succéder. On peut en dire autant de la veille et du sommeil, du mouvement et de l'inertie. Parmi nous, surtout, avoir pensé et senti longtemps d'une certaine façon, est le signe assuré qu'on va bientôt sentir et penser d'une autre. Cette loi des esprits et particulièrement des esprits français, est aussi bien constatée par l'expérience que peuvent l'être les lois les mieux connues de la nature.

Examinons maintenant, avec la même brièveté, mais avec le même désir de ne pas nous écarter du vrai un seul instant, quel est le caractère de ce mouvement des esprits et quelle situation en résulte pour le gouvernement.

Et, d'abord, ce mouvement des esprits est-il dirigé contre le gouvernement lui-même? menace-t-il directement son existence? tend-il à une révolution? Rien jusqu'ici ne donne le droit de le penser; tout, au contraire, doit nous détourner de le croire. Malgré les exagérations de la presse officieuse, malgré les malentendus que suscite inévitablement l'abus du patronage officiel, malgré les inconvénients d'un système électoral qui semble mettre aux voix dans chaque élection le principe même du gouvernement, ce n'est point pour ou contre l'Empire qu'ont voté récemment les électeurs. Ils ne se sont point laissé persuader que la question fût posée en ces termes, et, s'ils en étaient venus sérieusement à le croire, l'opposition aurait vu singulièrement diminuer ses chances de succès. Je ne veux nullement dire que parmi les votes donnés aux candidats de l'opposition, il n'y en ait pas un certain nombre, surtout au sein de nos grandes cités, qu'on puisse considérer comme des protestations persistantes et radicales contre l'ordre de choses établi ; ce serait nier l'évidence et méconnaître les habitudes d'un pays travaillé depuis soixante et dix ans par les révolutions. Mais il n'est pas moins incontestable que la grande majorité des électeurs de l'opposition n'a pas demandé autre chose que l'extension plus franche et plus rapide des libertés publiques, et que le mouvement actuel des esprits, considéré dans son ensemble, n'a pas d'autre signification ni d'autre portée.

Dans cette situation, que nous croyons avoir définie avec exactitude, le gouvernement peut choisir entre plusieurs partis ; mais un grave événement peut dominer sa conduite, et dissiper d'un seul coup, ou plutôt suspendre pour un temps, les préoccupations que la politique intérieure lui impose. La France, bien que très-décidée en faveur de la paix, peut se trouver entraînée dans la guerre, et ce jour-là même, si la situation devient grave au dehors, elle est prodigieusement simplifiée au dedans, puisque le pays tout entier, attentif au sort de ses armes, est aussitôt insensible à tout le reste et néglige toute autre pensée. Il ne manque pas de gens qui tirent de cette considération même une présomption en faveur de la guerre, et qui soupçonnent parfois les gouvernements de désirer et de chercher la guerre pour échapper à leurs désagréments intérieurs, à peu près comme un fils de famille dans l'embarras se détermine à s'enrôler. Mais nous ne sommes pas de ceux qui prêtent aux gouvernements, quels qu'ils soient, de si imprudents calculs. Il n'est pas de gouvernement qui, dans l'état présent de l'Europe, ne regarde la guerre comme une longue et terrible aventure, mille fois plus féconde en périls que la situation intérieure la plus désagréable ou la plus compliquée. En ce qui touche le gouvernement de la France, nous sommes persuadés que, d'accord sur ce point avec l'opinion publique, il désire sincèrement éviter la guerre ; mais à l'heure même où nous parlons, la guerre qui a commencé pour d'autres peut être inévitable pour nous-mêmes, et alors toutes les questions intérieures se trouvent, sinon résolues, du moins ajournées.

Ces réserves faites dans le cas où la guerre éclate, et en supposant que la France puisse continuer à jouir du bienfait de la paix, nous revenons à considérer la situation actuelle du gouvernement en face du mouvement libéral des esprits et les divers partis qu'il est en son pouvoir de prendre. Il ne peut choisir qu'entre trois résolutions : — il peut se décider à rester immobile, en déclarant, comme on a paru le faire récemment en son nom dans le sein du corps législatif, que le décret du 24 novembre est la limite des concessions possibles, et que, par conséquent, il ne faut point songer à la suppression du régime administratif qui pèse sur la presse, ni à l'établissement d'un ministère responsable et présent aux Chambres ; — il peut, au contraire, marcher dans le chemin ouvert par le décret du 24 novembre, et faire les deux seules concessions importantes qu'on puisse encore lui demander ; — il peut enfin (mais cette dernière supposition est absurde et je ne l'énumère qu'afin de n'omettre aucune hypothèse) reculer sur le chemin déjà parcouru et revenir sur les concessions déjà faites.

Finissons-en d'abord avec cette dernière supposition et avec les propos ridicules qui ont pendant quelques jours agité une partie du public. Qui n'a entendu parler couramment pendant le mois qui vient de finir, tantôt du retrait du décret de 24 novembre, tantôt de la *neutralisation* de Paris, c'est-à-dire de la privation pour cette grande capitale du droit d'élire des députés, tantôt enfin de l'exil, par mesure de sûreté générale, d'un certain nombre de citoyens ? De telles rumeurs, même lorsqu'elles ne durent qu'un jour, ne sont pas un faible signe du trouble qui règne dans certains esprits et de la facilité d'une partie du public à s'émouvoir. Il suffirait pourtant d'un moment d'attention pour comprendre qu'on ne peut en aucune manière prêter au gouvernement des vues ou des intentions si contraires à ses constants désirs et à ses plus clairs intérêts. Nous ne voulons pas dire que l'exécution d'aucun de ses desseins, même les plus rigoureux, fût de nature à troubler instantanément la paix publique ou à mettre le jour même le gouvernement en péril. Nous croyons que matériellement le gouvernement peut encore tout faire ; mais tout le monde comprend (et le gouvernement tout le premier) quelle immense perte morale subirait le pouvoir après s'être ainsi déclaré incapable de supporter la discussion et le contrôle, même dans la mesure restreinte où le décret du 24 novembre les a institués. L'idée de revenir, après une expérience de douze années, à la situation du 3 décembre 1851, avec le désavantage d'un essai infructueux de libéralisme, ne peut entrer dans la tête de personne et c'est presque une folie que de la prêter au gouvernement.

Restent donc les deux partis de demeurer immobile en déclarant ou en laissant penser qu'on a touché, par le décret du 24 novembre, la limite des concessions compatibles avec le régime actuel, ou bien de faire le dernier pas qui, après tout, nous sépare encore des gouvernements libres, en accordant, conformément aux vœux de l'opposition pendant la discussion da l'Adresse, l'abolition du régime administratif pour la presse et l'institution des ministères responsables (1).

Si ce que nous avons dit jusqu'ici sur l'état des esprits et sur le mouvement de l'opinion est fondé, on nous permettra d'en conclure, sans insister sur ce point, que le parti de rester immobile serait fécond en inconvénients de toute sorte et qu'on ne tarderait guère à les reconnaître ; et nous ne parlons pas seulement ici du terme inévitable de six années assigné par la loi pour les élections générales, mais de l'époque beaucoup plus rapprochée où l'opinion, cessant de plus en plus d'être en accord avec les pouvoirs publics, se ferait assez sentir et assez comprendre pour créer au gouvernement de sérieux embarras. Voyons maintenant quelles difficultés peuvent s'opposer à ce qu'on prenne la résolution d'avancer et de satis-

____

(1) Nous disons sans hésiter les *vœux de l'opposition pendant l'Adresse*, parce que l'honorable M. Émile Ollivier lui-même, tout en se prononçant contre la prépondérance des assemblées, n'a pas hésité à réclamer la suppression du régime administratif pour la presse et l'établissement de la responsabilité ministérielle.

faire franchement aux vœux de l'opinion libérale. Cette partie de notre tâche est délicate, puisque la constitution elle-même, qui met dans la main du chef de l'État l'autorité nécessaire pour accomplir certains changements et l'initiative qui lui permet de les provoquer tous, nous oblige maintenant à réfléchir sur sa situation personnelle et sur ses tendances. Nous aimerions mieux, on le sait, qu'il en fût autrement; mais sous peine de ne pas prendre les choses au sérieux et de ne pas chercher avant tout la vérité, il nous est impossible de ne pas donner à la volonté de l'empereur dans nos raisonnements autant de place qu'elle en a dans les affaires. Or, cette volonté est légalement prépondérante, et peut seule déterminer, soit par des décrets analogues à celui du 24 novembre, soit par des sénatus-consultes, soit enfin par des plébiscites, les réformes que l'opinion peut désirer et que la constitution peut recevoir. Nous sommes donc amenés par la suite même de notre raisonnement à peser les motifs qui peuvent déterminer la volonté de l'empereur, dans un sens ou dans un autre, sur le sujet qui nous occupe; et si nous abordons cette dernière question avec confiance, c'est à cause de la parfaite bonne foi qui nous anime, et de notre ferme résolution d'éviter tout ce qui peut blesser la susceptibilité la plus ombrageuse.

La première difficulté qui puisse arrêter, ou plutôt retenir le gouvernement sur le chemin où nous le pressons d'avancer, c'est, nous le croyons sincèrement, que l'empereur aime à devancer l'opinion plutôt qu'à paraître la suivre et qu'il croit utile de conserver toujours à son gouvernement cette sorte d'avance, afin de le distinguer de ceux qui cèdent seulement à la pression du vœu public. Ce désir, très-légitime en lui-même, et assez conforme au goût de notre pays, sinon de notre temps, a pourtant un inconvénient très-réel, quoique très-peu prévu, c'est que si le vœu public se manifeste avec une certaine vivacité, le gouvernement tend d'abord à rester immobile, de peur de paraître laisser échapper par faiblesse ce qu'il aime mieux offrir librement, lorsque personne n'y songe, comme par un acte de confiance en sa propre force et par un libre mouvement de sa volonté. Cette difficulté, si elle existe, ne nous paraît pas d'une grande importance, puisqu'il suffit d'agir dans l'intervalle de deux sessions, après l'apaisement qui suit toujours les débats législatifs et vers cette époque de l'année où il y a un moment inévitable de relâche dans la politique, pour agir avec la liberté la plus apparente, et pour recueillir sans partage tout le mérite de ce qu'on fait.

Une difficulté plus sérieuse et dont la lecture assidue des œuvres du prisonnier de Ham peut seule donner l'idée, c'est la prévention sincère et ancienne dont l'empereur est animé contre le régime parlementaire et la responsabilité ministérielle, contre les institutions, enfin, qui s'étendent aujourd'hui partout en Europe et qu'on a vu fonctionner plus ou moins régulièrement pendant plus de trente années au sein de notre pays. Les journaux étrangers citent souvent certaines pages des œuvres de l'empereur pour mettre en opposition ses opinions passées et sa conduite présente; mais ces pages sont en bien petit nombre à côté de celles qui témoignent avec éclat de la persistance des opinions de l'empereur sur l'organisation des pouvoirs publics et sur la subordination du pouvoir législatif à un chef unique et responsable, investi une fois pour toutes de la confiance populaire. Une opinion aussi ancienne et aussi profonde ne peut être aisément sacrifiée, même devant les leçons de l'expérience, même après de nombreux et infructueux essais pour tenir les assemblées dans une situation telle qu'il leur soit permis de contrôler certains actes du gouvernement, sans qu'elles puissent exercer une influence prépondérante sur le choix de ses agents et sur la direction de sa politique. Attaché à la solution de ce problème, plus épineux encore que celui de la paix universelle et perpétuelle, et conduit par des modifications successives au seuil même du régime parlementaire, l'empereur ne pourrait évidemment faire ce dernier pas sans un grand effort sur ses convictions personnelles; mais cet effort, qui n'a pourtant rien d'impossible, il faudrait un intérêt des plus clairs et des plus pressants pour le déterminer.

Tout se réduit donc à cette grave question qui peut être sérieusement débattue et dont nous reconnaissons, de bonne foi, l'importance : est-il conforme à l'intérêt de l'empereur, est-il bon pour la stabilité de sa dynastie, est-il utile et même

nécessaire pour la durée de l'établissement qu'il a voulu fonder, d'en venir à l'institution des ministères responsables et
présents aux Chambres avec le corollaire indispensable d'une
presse affranchie de la tutelle administrative et exclusivement
exposée à la répression judiciaire? C'est ainsi que la question
doit être posée dans les conseils du pouvoir, si un ami clair-
voyant et sincère a le courage de l'y introduire, et nous ne
croyons pas qu'il puisse y avoir deux façons de la résoudre.
Certes, si l'empereur a quelque grand et profond dessein de
politique étrangère qui exige une entière liberté d'action, un
secret absolu, l'ignorance ou la soumission de la presse et
une sorte de blanc-seing donné par la France, il est naturel
qu'il hésite à adopter un système qui porte partout une pu-
blicité inexorable, un contrôle immédiat, et qui peut introduire dans le conseil du souverain toutes sortes d'hommes et
toutes sortes d'opinions. Mais en dehors de ce motif, qui nous
alarmerait pour le pays, car dans le temps où nous sommes,
tout grand dessein est une grande aventure, nous ne conce-
vons pas de raisons plausibles pour ne pas préférer franchement les épreuves et les labeurs de la liberté constitution-
nelle aux embarras autrement sérieux que la prolongation de
la situation actuelle (si la France reste en paix) ne peut manquer de produire.

Voulons-nous dire par là que cette liberté n'a point ses
périls et qu'elle est une garantie absolue contre l'instabilité
des choses humaines? Nous ne voulons tromper personne;
aucune loi, aucune institution ne dispense les hommes de
vigilance et de sagesse; mais les moins imparfaites sont
celles qui accumulent le moins de déceptions et de ressentiments autour de l'autorité souveraine, et qui font passer régulièrement de mains en mains, pour le rendre plus léger et
moins odieux, le fardeau toujours si redoutable du pouvoir.
C'est à tort enfin qu'on prétend écarter ou retarder cette liberté par un sentiment de défiance, en insinuant, comme on
le fait tous les jours, que le jeu des institutions libres pourrait porter au pouvoir des hommes dont les souvenirs ou
dont les espérances seraient un péril pour l'ordre de choses
établi. L'absence de liberté est ce qu'il y a de plus propre à

fomenter ces souvenirs ou ces espérances. Le grand jour et le libre mouvement de la vie publique sont plutôt faits pour les éteindre. Quant à ce grand nombre de nos révolutions dont la pensée vous alarme, il devrait plutôt vous inspirer quelque assurance, car c'est précisément cette série de terribles leçons, c'est le désir d'éviter des crises dont la stérilité est aujourd'hui trop visible, qui ont disposé les esprits sages à supporter beaucoup, à demander peu, à recevoir volontiers la liberté de toutes les mains. Aucun pouvoir ne peut prétendre à l'enthousiasme d'une nation si fatiguée et si souvent déçue dans ses espérances les plus légitimes ; mais, en revanche, tout pouvoir peut compter sur son approbation et sur son concours, si on lui donne les biens dont elle ne peut se passer, si l'on tient compte, en la gouvernant, de ses besoins et de ses lumières. Elle n'a point perdu le souci de sa dignité, mais aucune illusion ne suffirait pour la déterminer à compromettre son repos. Cette disposition est générale ; elle règne aujourd'hui sans partage chez la plupart des hommes éclairés et des honnêtes gens. Celui qui écrit ces lignes est sincère lorsqu'il affirme qu'il désire voir la liberté se fonder sans convulsion pour son pays ; mais il est de son temps, et il renoncerait plus facilement à la vie qu'au désir et à l'espoir de la liberté.

FIN.

Paris, imp. de L. Tinterlin, rue N^e-des-Bons-Enfants, 3.

www.ingramcontent.com/pod-product-compliance
Lightning Source LLC
Chambersburg PA
CBHW071700030726
47598CB00005B/2157